音声ダウンロード

 音声再生アプリ「リスニング・トレーナー」（無料）

朝日出版社開発のアプリ、「リスニング・トレーナー（リストレ）」を使えば、教科書の音声をスマホ、タブレットに簡単にダウンロードできます。どうぞご活用ください。

まずは「リストレ」アプリをダウンロード

» App Store はこちら　　　» Google Play はこちら

アプリ【リスニング・トレーナー】の使い方
① アプリを開き、「**コンテンツを追加**」をタップ
② QRコードをカメラで読み込む

③ QRコードが読み取れない場合は、画面上部に 55042 を入力し「Done」をタップします。

QRコードは(株)デンソーウェーブの登録商標です

Web ストリーミング音声

https://text.asahipress.com/free/spanish/plazaamigos1/

◆ 本テキストの音声は CD でのご提供から音声アプリ「リスニング・トレーナー」（無料）とストリーミングでのご提供に変更いたしました。
◆ 本テキストに CD は付きません。

―― 本テキスト準拠スマートフォンアプリのご案内 ――

　iPhone と Android それぞれに対応したアプリをご用意しました。「プラサ・アミーゴス ―スペイン語で話そうⅠ・Ⅱ・Ⅲ―」のアルファベット、動詞活用表、表紙で学ぶイラスト単語集、単語・フレーズテストを学習できます。

（Android 版のみ）

　また、ウェブからもアプリと同じ学習ができますので、スマートフォンをお持ちでなくてもご活用いただけます。

（ブラウザ版）

http://text.asahipress.com/ebooks/sp/PlazaAmigos/tablecontents.html
※ブラウザは Safari や Chrome をご利用ください。

スペイン語への招待

　スペイン語は、スペインをはじめラテンアメリカ，アフリカの赤道ギニアなど23の国々と地域，そしてアメリカ合衆国のヒスパニックの人々をふくめ，約4億人の人々によって広く話されている言語で，英語，ロシア語，フランス語，中国語とならんで国連の公用語のひとつにもなっており，まさに「21世紀の国際語」といっても過言ではありません.

　スペイン語を学ぶということは，4億人の人々とコミュニケーションを取ることが可能となり，これだけ広範囲にわたるスペイン語圏の豊かな歴史と文化に触れることでもあります. そうして，皆さんのなかに今まで存在していなかった新たなラテン文化世界が形成されるのです.

　この **Plaza Amigos – Español para hablar I –**（プラサ・アミーゴス－スペイン語で話そう**I**）は，そうした国際語であるスペイン語を初歩から学び，必要最小限のことをスペイン語でコミュニケーションがとれるようにと願って編纂されたテキストです. このテキストの特徴は次のとおりです.

- ○ 外国語習得には「読む」「話す」「聞く」「書く」の4要素が欠かせません. スペイン語でコミュニケーションをとるためにも基礎文法の学習は不可欠ですが，このテキストでは，スペイン語の発音に慣れ，スペイン語の根幹をマスターしていただくために，主要動詞（**ser, estar, hay, -ar/-er/-ir**規則動詞，**querer, poder, hacer, tener, ir, venir, dar, saber**）を中心にその用法の学習にとどめました.

- ○ 各課は，**Diálogo**（対話文），**Gramática**（文法解説），**Ejercicios**（練習問題）で構成されています.

- ○ **Diálogo** の対話文，**Gramática** の例文および **Ejercicios** の練習問題文は，スペインやラテンアメリカのキーワードになるような，あるいは日常生活のなかで実際に使えるシチュエーションのあるものに工夫しました. スペイン語の学習をとおして，スペインやラテンアメリカの文化に触れていただきたいからです.

- ○ **Diálogo**，**Gramática** そして **Ejercicios** の動詞の活用形や例文をCDを聞きながら，何度も繰り返し練習してください. それがスペイン語をマスターする秘訣です.

- ○ 巻末に記載してある，各課ごとにまとめた **VOCABULARIO BÁSICO**（基本語彙集）を活用して語彙力を養ってください.

　今日までスペイン語テキスト「プラサ・シリーズ」を常に温かく見守っていただき，全面的な支援を賜った上に，本書の出版の機会を与えてくださった朝日出版社の藤野昭雄氏と山田敏之氏に心から感謝の意を表するものです.

　このテキストが，スペイン語を学びたいと熱望する皆さんに多少なりともお役に立てればこれほどの喜びはありません.　　　　　　　　　　　　　　　　　　　　　　　**¡Mucha suerte!**

2010年秋

著者一同

ÍNDICE（目次）

登場人物

Lección 1 ¡Hola! ¿Qué tal? ———————————————————————— 2

1. アルファベット　　2. 母音　　3. 二重母音

4. 子音　　5. 二重子音　　6. アクセントの位置

Lección 2 Una goma, por favor. ———————————————————— 6

1. 名詞の性　　　2. 名詞の数　　　3. 冠詞（不定冠詞，定冠詞）

■ 基数 1 （0-15）

Lección 3 ¿Qué es esto? ——————————————————————————— 10

1. 形容詞の性と数　　2. 指示詞

Lección 4 ¿Cuál es tu nombre? ———————————————————— 14

1. 主語（主格人称代名詞）　　2. ser の直説法現在　　3. 疑問文と否定文

Lección 5 ¿Dónde está mi libro de español? ————————— 18

1. estar の直説法現在　　2. ser と estar の比較　　3. 所有詞（前置形）

Lección 6 ¿Qué hay de nuevo? ————————————————————— 22

1. hay の用法　　2. estar と hay の比較　　3. 時刻・曜日・月日の表現

■ 基数 2 （16-31）

Lección 7 ¿Estudias o trabajas? ———————————————————— 26

1. -ar 動詞の直説法現在

2. 疑問詞の用法（qué, cuándo, dónde, quién, cómo, cuánto, cuál）

3. 間接目的語につく前置詞 a：「～に」

4. 直接目的語が人間の場合につく前置詞 a：「～を」

Lección 8　¿Qué comemos? ———————————————————— 30

1. -er 動詞の直説法現在　　**2.** -ir 動詞の直説法現在

3. 所有詞（後置形）

Lección 9　¿Qué quieres tomar? ——————————————— 34

1. querer の直説法現在　　**2.** poder の直説法現在

Lección 10　Hoy hace buen tiempo. ————————————— 38

1. hacer の直説法現在　　**2.** tener の直説法現在

■ 基数 3 （31-100）

Lección 11　¿Qué vas a hacer este fin de semana? ———— 42

1. ir の直説法現在　　**2.** venir の直説法現在

Lección 12　Sí, lo sé. ———————————————————————— 46

1. dar の直説法現在　　**2.** saber の直説法現在　　**3.** 目的格人称代名詞

文法補足 ——————————————————————————————————————— 50

VOCABULARIO BÁSICO ———————————————————————————— 53

本文イラスト － 酒井うらら
練習イラスト － メディアアート
装丁 － DCカンパニー

登場人物

AMI
Japonesa (Kobe)
Estudiante
20 años

KEN
Japonés (Tokio)
Estudiante
21 años

PROFESOR MARCOS
Español (Granada)
Profesor
33 años

JOHN
Estadounidense
(Nueva York)
Estudiante
21 años

PERSONAJES PRINCIPALES

AGNÉS
Francesa (París)
Estudiante
25 años

JAVI
Español (Madrid)
Tutor nativo
21 años

Tío Javier (misionero de gramática)

¡Hola! ¿Qué tal?

(En el aeropuerto de Barajas, Madrid)

Javi	:	**¡Hola! ¿Qué tal?**
Ami	:	Muy bien, gracias. ¿Y tú?
Javi	:	Bien, gracias.
Ami	:	Yo soy Ami.
Javi	:	Yo soy Javi.
Ami	:	Encantada.
Javi	:	Encantado.

Ken	:	¿Cómo está usted?
Profesor	:	Muy bien, gracias. ¿Y usted?
Ken	:	Bien, gracias.
Profesor	:	Mi nombre es Marcos.
Ken	:	Mi nombre es Ken.
Profesor	:	Mucho gusto.
Ken	:	Mucho gusto.

Gramática 1

1 アルファベット (alfabeto)

大文字	小文字	名称		大文字	小文字	名称	
A	a	(a)	ア	Ñ	ñ	(eñe)	エニェ
B	b	(be)	ベ	O	o	(o)	オ
C	c	(ce)	セ	P	p	(pe)	ペ
D	d	(de)	デ	Q	q	(cu)	ク
E	e	(e)	エ	R	r	(ere)	エレ
F	f	(efe)	エフェ	S	s	(ese)	エセ
G	g	(ge)	ヘ	T	t	(te)	テ
H	h	(hache)	アチェ	U	u	(u)	ウ
I	i	(i)	イ	V	v	(uve)	ウベ
J	j	(jota)	ホタ	W	w	(uve doble)	ウベ・ドブレ
K	k	(ka)	カ	X	x	(equis)	エキス
L	l	(ele)	エレ	Y	y	(i griega)	イ・グリエガ
M	m	(eme)	エメ	Z	z	(zeta)	セタ
N	n	(ene)	エネ				

2 母音 (a e i o u)

a : ama amigo Ana 　　**i** : pino cita tenis
e : este enero mesa 　　**u** : uno uso un
o : oso toro poco

3 二重母音

二つの母音が並ぶ場合（強母音＋弱母音，弱母音＋強母音，弱母音＋弱母音），一つの母音のように一気に発音する．

aire aceite piano pie　　（強母音）
auto agua ruido
viuda　　　　　　　　　　（弱母音）

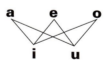

＊強母音＋強母音の場合，それぞれ独立した母音として発音する．idea　oasis

4 子音

b, v : bar bien bota ; vino vaca uva
c (**ca co cu**) : casa coco cuna
　　(**ce ci**) : cena centro cine cocina
　　(**c**+子音) : lectura acción
ch　: muchacho chico churros coche chocolate

d ： dato　dedo　dónde ; usted　Madrid　（＊語末の **d** はほとんど発音されない）
f ： famoso　café　fiesta　foto　fútbol
g （**ga go gu**）： gato　gol　guapo
　　（**gue gui**） ： guerra　Miguel　guitarra
　　（**güe güi**） ： bilingüe　pingüino
　　（**ge gi**）　　： gente　geografía　gitano　gigante
h ： 無音（発音しない）： helado　hospital　humano
j ： jamón　Jesús　José ; reloj （語末ではほとんど無音）
l ： leche　limón　luna　hotel
ll ： paella　calle　allí　sello　lluvia
m ： madre　mesa　museo
n ： nación　negro　noche
ñ ： caña　compañía　pañuelo　niño
p ： papel　pelo　poco
q （**que, qui** のみ）： qué　queso　quién　quince
r ： cara　torero　amor
　　（**r-**） ： radio　rico　rosa
　　（**-rr-**） ： torre　correo　perro
s ： sábado　semana　sopa
t ： tanto　tomate　tú
x [ks]： examen　taxi　exacto （**x** + 母音の場合は「クス」と発音）
　　[s] ： texto　extranjero　expreso （**x** + 子音の場合は一般に「サ行音」で発音）
　　[x] ： México　mexicano　Texas （例外として）
y ： ya　ayer　yo　ayuda　mayo
　　[i]： y　muy　hoy　rey （単独，語末では「イ」と発音する．
z ： zapato　zoo　zumo　feliz　azteca

スペルと発音に注意！

ca	que	qui	co	cu
ga	gue	gui	go	gu
gua	güe	güi	guo	
ja	je, ge	ji, gi	jo	ju
za	ce	ci	zo	zu

5 二重子音：pl, pr, bl, br, fl, fr など l または r をしたがえた二つの子音の組み合わせ．

　　pl, pr ： plaza　prueba　　　　**bl, br** ： blanco　bravo
　　fl, fr ： flor　fruta　　　　　　**cl, cr** ： clase　crema
　　gl, gr ： inglés　grupo　　　　**tr / dr** ： tren　padre

6 アクセントの位置

① 母音または **-n, -s** で終わる語は最後から2番目の母音．
　　casa　amigo　semana ; joven　lunes

② **-n, -s** 以外の子音で終わる語は最後の母音．
　　papel　mujer　hospital　usted　Madrid　universidad

③ アクセント符号のついた語はその母音．
　　música　máquina　árbol　café　estación　lección

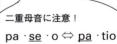

二重母音に注意！
pa・se・o ⇔ pa・tio

4

Ejercicios 1

[A-1] 次の国名を読み，スペイン語が公用語となっている国にしるしをつけましょう．

Alemania   Argentina   Bolivia   Brasil   Canadá   Chile   China   Colombia   Corea   Costa Rica   Cuba   Ecuador   El Salvador   Estados Unidos   España   Filipinas   Francia   Guatemala   Holanda   Honduras   Inglaterra   Italia   Japón   México   Marruecos   Nicaragua   Panamá   Paraguay   Perú   Portugal   Rusia   Uruguay   Venezuela

[A-2] スペイン語圏の一般的な名前と苗字です．アクセントのある母音を○で囲んで，読み上げましょう．

Javier   Carmen   María   Antonio   Miguel   Carlos   Mercedes   Raúl   Pilar   David   Juan   Silvia   Rafael   Dolores   Raquel   José   Ana   Fernández   Torres   Navarro   Muñoz   Rubio   López   Alonso

[B] 次の名前を使って，2ページの会話を練習しましょう．

1) Carmen, José
2) Luis, María
3) Miguel, Pilar
4) 自分の名前

[C] CDを聞いて，正しいほうを選びましょう．

a) Jorge   Gorge
b) Ángela   Ánhela
c) Enrice   Enrique
d) Joacín   Joaquín
e) Fulia   Julia
f) Lamón   Ramón
g) Jesus   Jesús
h) Patricia   Patricía
i) Lucia   Lucía
j) Raul   Raúl

あいさつ

Hola（やあ），Buenos días（おはよう），Buenas tardes（こんにちは）
Buenas noches（こんばんは／おやすみなさい），Adiós（さようなら），Hasta luego（またあとで）

A la carta "Plaza Amigos"

スペイン語の源は俗ラテン語です．のちにロマンス語に変化し，**カスティーリャ（Castilla）**王国の言語**カスティーリャ語（castellano）**に発展しました．その後イスラム教徒との**レコンキスタ（Reconquista: 国土回復運動）**が終結した1492年に**アントニオ・デ・ネブリハ（Antonio de Nebrija）**が「カスティーリャ語文法典」を著し，これによってカスティーリャ語は近代国家スペインの共通語となりました．同時に，**コロンブス（Colón）**による大航海時代によってアメリカ大陸やアジア，アフリカの各地にスペイン語圏が拡大されました．俗ラテン語から派生した言語にポルトガル語，フランス語，イタリア語，ルーマニア語などがあり，これらを総称してロマンス語といいます．

Una goma, por favor.

Diálogo

(En una papelería)

Ami	:	Hola. Buenos días.
Dependiente	:	Hola. Buenos días.
Ami	:	**Una goma, por favor.**
Dependiente	:	Sí, un momento. Aquí tienes.
Ami	:	Gracias.
Dependiente	:	De nada. ¿Cómo se dice "goma" en japonés?
Ami	:	Se dice "keshigomu".
Dependiente	:	¡Oh! Un poco parecido.

Ken	:	Buenas tardes.
Dependienta	:	Buenas tardes. ¿Qué desea?
Ken	:	El libro de español "Plaza Amigos", por favor.
Dependienta	:	Sí, ¿algo más?
Ken	:	Pues, un bolígrafo, dos gomas y cinco cuadernos, por favor.
Dependienta	:	De acuerdo. Un momento, por favor.
Ken	:	Gracias.

Gramática 2

1 名詞の性

1) 自然の性があるもの
   男性名詞 ： padre　hombre　hijo　profesor　estudiante　gato　toro
   女性名詞 ： madre　mujer　hija　profesora　estudiante　gata　vaca
   　　　　　　　　　　　　　　　　　　　　　　（男女同形）

2) 自然の性がないものは語尾で見分ける（文法上の性）
   ① **-o** で終わる語は男性名詞
   　libro　puerto　vaso　trabajo　diccionario

   ② **-a, -d, -ción, -sión** で終わる語は女性名詞
   　casa　puerta　mesa　ciudad　estación　televisión

3) 例外
   ① 女性名詞（**-o** で終わっている女性名詞）
   　mano　foto (< fotografía)　moto (< motocicleta)　radio (< radiodifusión)

   ② 男性名詞（**-a** で終わっている男性名詞）
   　día　mapa　sofá　idioma　problema

2 名詞の数（複数形の作り方）

1) 母音で終わる語は **-s** をつける
   libro → libro**s**　　casa → casa**s**　　vaso → vaso**s**
   mesa → mesa**s**　　clase → clase**s**　　niño → niño**s**

2) 子音で終わる語は **-es** をつける
   profesor → profesor**es**　　papel → papel**es**　　flor → flor**es**
   rey → rey**es**　　reloj → reloj**es**　　mes → mes**es**

   nación → naciones　　joven → jóvenes
   vez → veces　　paraguas （単複同形）

基数 1 （0-15）

0 **cero**				
1 **uno**	2 **dos**	3 **tres**	4 **cuatro**	5 **cinco**
6 **seis**	7 **siete**	8 **ocho**	9 **nueve**	10 **diez**
11 **once**	12 **doce**	13 **trece**	14 **catorce**	15 **quince**

3 冠詞

1) **不定冠詞**：名詞の前に置いて「ある〜，ひとつの〜，一人の〜」などを表す．

	単数	複数
男性	**un** niño	**unos** niños
女性	**una** niña	**unas** niñas

複数形は「いくつかの〜，何人かの〜」などを表す．

un amigo → unos amigos   una chica → unas chicas
un libro → unos libros   un día → unos días

2) **定冠詞**：名詞の前に置いて「その〜，あの〜」などを表す．

	単数	複数
男性	**el** niño	**los** niños
女性	**la** niña	**las** niñas

el chico → los chicos   la chica → las chicas
el profesor → los profesores   la señora → las señoras
el hombre → los hombres   la mujer → las mujeres
el ángel → los ángeles

el paraguas → los paraguas

el sol   el desayuno   el Zócalo
la luna   la cena   la Plaza Mayor

A la carta "Plaza Amigos"

スペインの中央広場は **Plaza Mayor**（プラサ・マヨール）といいますが，メキシコでは **Zócalo**（ソカロ，正式名は Plaza de la Constitución「憲法広場」）と呼ばれます．**zócalo** とは「台座」のことですが，独立100周年の記念塔を建立するために中央広場に台座が設けられたことからソカロと呼ばれています．南アメリカでは独立戦争のときに武器を持って中央広場に結集したことから **Plaza de Armas** と呼ばれ，アルゼンチンでは自治政府が樹立された5月25日から **Plaza de Mayo**（5月広場）と称されます．

8

Ejercicios 2

[A-1] 次の語を男性名詞 (**m.**) と女性名詞 (**f.**) に分け，絵の（　）に該当する番号を書き入れましょう．

1. mesa (**f.**)
2. silla (　)
3. lápiz (　)
4. papel (　)
5. libro (　)
6. llave (　)
7. mapa (　)
8. puerta (　)
9. ordenador (　)
10. bolígrafo (　)

[A-2] 単数形を複数形に，複数形を単数形にしましょう．

1. universidad
2. ordenadores
3. silla
4. mesas
5. lápiz
6. profesor
7. profesoras
8. televisión
9. jóvenes

[B] 定冠詞，不定冠詞をつけて書きましょう．

1. ボールペン（単数）
2. 鉛筆（複数）
3. 紙（複数）
4. 鍵（複数）
5. 辞書（単数）
6. テーブル（複数）
7. パソコン（単数）
8. 写真（複数）
9. 地図（単数）

[C] CDを聞いて，数詞と名詞をスペイン語で書きましょう．

a)　　　　　　　　　　b)
c)　　　　　　　　　　d)
e)　　　　　　　　　　f)

¿Qué es esto?

Diálogo

(En el pasillo)

John : Hola. ¿Qué tal?
Ami : Muy bien, gracias. ¿Y tú?
John : Bien, gracias. Yo soy John. Encantado.
Ami : Yo soy Ami. Encantada.
John : Perdona, **¿qué es esto?**
Ami : Esto es un diccionario electrónico de español.
John : Ah, ¿sí? Y ¿qué es eso?
Ami : Eso es una foto de mi familia.
 Este es mi padre Takao.
 Y esta es mi madre Kumiko.
John : ¡Oh! ¡Qué jóvenes!
Ami : Gracias.

Ken : Buenos días, profesor.
Profesor : Buenos días.
Ken : Perdone, ¿qué es aquello?
Profesor : Aquello es un comedor.
Ken : ¡Ah! Muchas gracias.
Profesor : De nada.

 **Gramática 3**

1 形容詞の性と数

形容詞は修飾する名詞の性・数によって語尾が変化する.

1） 男性単数形が -o で終わる形容詞：女性形は -a で終わる（性・数変化する）.

	単数	複数
男性	niño **alto**	niños **altos**
女性	niña **alta**	niñas **altas**

un chico guapo → unos chicos guapos
una chica guapa → unas chicas guapas

un señor rico → unos señores ricos
una señora rica → unas señoras ricas

la casa blanca → las casas blancas
el pañuelo rojo → los pañuelos rojos

la mujer de pelo negro
la chica de ojos negros

2） 男性単数形が -o 以外で終わる形容詞：男女同形（数変化のみ）.

	単数	複数
男性	niño **alegre**	niños **alegres**
女性	niña **alegre**	niñas **alegres**

un vestido verde → unos vestidos verdes
una camisa azul → unas camisas azules

el traje gris   los zapatos marrones

un café caliente   una sopa caliente

3）国名・地名の形容詞：性・数変化する．

	単数	複数
男性	niño **mexicano** niño **español**	niños **mexicanos** niños **españoles**
女性	niña **mexicana** niña **española**	niñas **mexicanas** niñas **españolas**

un muchacho　argentino　peruano　chileno　italiano
　　　　　　　japonés　francés　inglés
　　　　　　　canadiense　estadounidense

unos señores　argentinos　peruanos　chilenos　italianos
　　　　　　　japoneses　franceses　ingleses
　　　　　　　canadienses　estadounidenses

una muchacha　argentina　peruana　chilena　italiana
　　　　　　　japonesa　francesa　inglesa
　　　　　　　canadiense　estadounidense

unas señoritas　argentinas　peruanas　chilenas　italianas
　　　　　　　japonesas　francesas　inglesas
　　　　　　　canadienses　estadounidenses

男性単数形が **-o** 以外で終わる場合に注意

2　指示詞

「この本」，「その家」のように名詞の前につけ，後の名詞の性・数に応じて語尾変化する．

男性	単数 複数	este　ese　aquel estos　esos　aquellos	libro libros
女性	単数 複数	esta　esa　aquella estas　esas　aquellas	casa casas
中性		esto　eso　aquello	

este chico　→　estos chicos　　　　ese chico　→　esos chicos
aquel chico　→　aquellos chicos

esta noche　esta semana　este mes　este año
este día　ese día　aquellos días　estos días

指示詞は「これ」「この人」のように代名詞にもなる．
¿Qué es esto? ― Es un bolígrafo.
Este es mi amigo John.

12

📘 Ejercicios 3 📝

[A-1] （　　　）内に適切な不定冠詞を書き，必要に応じて形容詞を変化させましょう.

1) (　　　　　　) coche *azul* _____
2) (　　　　　　) flores *amarillo* _____
3) (　　　　　　) ojos *negro* _____
4) (　　　　　　) corbatas *verde* _____
5) (　　　　　　) lápices *rojo* _____

[A-2] （　　　）内に適切な指示詞を書き，必要に応じて形容詞を変化させましょう.

1) (この　　　　　　　　　) mujer es muy *guapo* _____.
2) (あの　　　　　　　　　) casas son muy *bonito* _____.
3) (その　　　　　　　　　) chaqueta es un poco *pequeño* _____.
4) (この　　　　　　　　　) chicos son bastante *inteligente* _____.
5) (その　　　　　　　　　) edificios son muy *alto* _____.

[B] 次の文をスペイン語で書いてみましょう.

1) それは何ですか？　－ 時計です.〈qué, reloj, es〉

2) このシャツは少し大きい.〈camisa, grande, un poco, es〉

3) これが私の妹のマリアです.〈María, hermana, es〉

4) あの青い目の女の子はとても背が高い.〈chica, alto, ojo, azul, muy, es〉

5) これらのペルー人の学生たちは頭がよい.〈estudiante, peruano, inteligente, son〉

[C] Elena が友人の写真を見せながら話しています. CDを聞いて，（　　　）内に国籍を入れましょう.

CD-24

1) Carmen y Anita son (　　　　　　　　).

2) Raúl es (　　　　　　　).

3) David es (　　　　　　　).

¿Cuál es tu nombre?

 **Diálogo**

(En la clase de español)

Agnés	:	Hola. Buenos días.
Ken	:	Hola. **¿Cuál es tu nombre?**
Agnés	:	Mi nombre es Agnés. ¿Y tu nombre?
Ken	:	Mi nombre es Ken.
Agnés	:	¿De dónde eres?
Ken	:	Yo soy de Japón, de Tokio. ¿Y tú?
Agnés	:	Yo soy de Francia, de París.
Ken	:	¿Qué eres?
Agnés	:	Yo soy estudiante de español. ¿Y tú?
Ken	:	Yo también.

(En la cafetería)

Profesor	:	Buenos días.
Ami	:	Buenos días. ¿Cuál es su nombre?
Profesor	:	Mi nombre es Marcos. ¿Y su nombre?
Ami	:	Mi nombre es Ami.
Profesor	:	¿De dónde es usted?
Ami	:	Yo soy de Japón, de Kobe. ¿Y usted?
Profesor	:	Yo soy de España, de Granada.
Ami	:	¿Qué es usted?
Profesor	:	Yo soy profesor de español. ¿Y usted?
Ami	:	Yo soy estudiante de español.

Gramática 4

1 主語（主格人称代名詞）

	単数	複数
1人称	yo	nosotros, nosotras
2人称	tú	vosotros, vosotras
3人称	él ella usted	ellos ellas ustedes

＊usted, ustedes の省略形として，Ud. (Vd.), Uds. (Vds.) が使われることがある．

2 ser の直説法現在

A) 活用

yo	soy	nosotros, nosotras	somos
tú	eres	vosotros, vosotras	sois
él ella usted	es	ellos ellas ustedes	son

＊主語が明らかな場合は主語を省略することが多い．

B) 用法

1) **ser + 名詞**：主語の身分・職業・国籍などを表す（名詞は一般的に冠詞をとらない）．

   Soy estudiante.
   José es español.
   El padre de Rosa es ingeniero.
   Tú y yo somos amigos.

2) **ser + 形容詞**：主語の性質や形状などを表す（形容詞は主語の性・数に一致する）．

   Soy joven. Tú también eres joven.
   María es guapa. José también es guapo.
   Esta mesa es pequeña, pero aquella mesa es grande.
   Los españoles son muy simpáticos.

3) **ser de** + 名詞：出身（生産）地・所有・材料などを表す．
　　Soy de México.　←　¿De dónde eres?（出身）
　　El coche es de José.　←　¿De quién es el coche?（所有）
　　La mesa es de madera.　←　¿De qué es la mesa?（材料）

　¿De dónde son estas naranjas?
　— Son de Valencia, España. Son muy ricas.

　¿De qué color es el paraguas?
　— El paraguas es de color verde.

　¿De qué son las tortillas mexicanas?
　— Son de harina de maíz.

 de el profesor は del profesor になる．

3　疑問文と否定文

1) 疑問文は文の前後に疑問符（¿　?）をつける．否定文は動詞の前に **no** をつける．
　　¿Eres española?　— Sí, soy española.
　　　　　　　　　　— No, no soy española. Soy chilena.
　　¿Es usted portuguesa, señorita López?　— No, soy mexicana.

2) 疑問詞を用いる疑問文（語順は「疑問詞＋動詞＋主語」が一般的）
　　¿Quién es ella?　— Es Ana.
　　¿Qué es Ana?　— Es camarera.
　　¿Cuál es la profesión de Ana?　— Es camarera.
　　¿Cómo es Ana?　— Es joven, guapa y simpática.
　　¿Cuándo es el examen?　— El examen es mañana.
　　¿De dónde sois vosotros?　— Somos de Cuba.
　　¿Cuánto es?　— Son cien euros.

A la carta "Plaza Amigos"

値段のたずね方は場面によって表現が異なります．「このスカートはいくらですか？」のように品物の値段をきくときには **"¿Cuánto cuesta [vale] esta falda?"** または **"¿Qué precio tiene esta falda?"** が一般的です．次に，品物が決まっていて，直接目の前の人に会計をきくときの「いくらになりますか？」は **"¿Cuánto es?"** や **"¿Cuál es el precio?"** また **"¿Cuánto le [te] debo?"** といいます．デパートや商店のレジ，小さな飲食店やタクシーではこの表現でいいですが，例えばテーブルに着いて食事をした後のバルやレストランの会計では，ウェイターまたはウェイトレス（**camarero / -ra**）に **"La cuenta, por favor."** 「チェックをお願いします」と頼むとレシート（伝票）をもってきます．また顔見知りのバルやカフェでのよりラフな言い方として **"Cóbreme."** 「お勘定願います」/ **"Cóbrame."** 「勘定を頼むよ」という表現をよく耳にします．

 **Ejercicios 4**

[A-1] (　　) 内に **ser** の適切な活用形を書き入れましょう．

1) ¿(　　　　) tú china? — No, (　　　　) japonesa.
2) ¿Mercedes y tú (　　　　) de esta ciudad? — No. Ella (　　　　) de Granada y yo (　　　　) de Madrid.
3) ¿(　　　　) interesante esa novela? — Sí, (　　　　) muy interesante.
4) Laura y yo (　　　　) empleadas de un hotel de Bogotá.

[A-2] (　　) 内に適切な疑問詞を書き入れ，必要なら [　　] 内の語を変化させましょう．

1) ¿De (　　　) son ustedes, señoras? — Somos [francés] ＿＿＿＿＿.
2) ¿De (　　　) son estas fotos? — Son del profesor.
3) ¿(　　　) es la familia de Víctor? — Todos son muy [amable] ＿＿＿＿＿.
4) ¿(　　　) es el examen de Ciencias Políticas? — Es mañana.

[B] 次の文をスペイン語で書いてみましょう．

1) ホセのお父さんは医者です．〈médico, José, padre〉

2) マリアとテレサはどこの出身ですか？ － ボゴタです．〈María, Teresa, Bogotá〉

3) それらの鍵は誰のですか？ － カルロスのです．〈llave, Carlos〉

4) この大学はあまり大きくありません．〈grande, universidad, muy〉

[C] CDを聞いて，次の質問に答えましょう．

1) ¿Qué es Antonio?
2) ¿Cómo es? ¿Es alegre o serio?
3) ¿Cuál es la profesión de Víctor?
4) ¿Cómo es Víctor?

CD-30

¿Dónde está mi libro de español?

 **Diálogo**

(En el campus)

Javi	:	Hola, Ami. ¿Cómo estás?
Ami	:	Pues, yo estoy un poco cansada. ¿Y tú?
Javi	:	Yo estoy muy bien.
Ami	:	Oye, Javi. **¿Dónde está mi libro de español?**
Javi	:	Mira, tu libro de español está en tu bolso.
Ami	:	¡Ah! Es verdad. Gracias.
Javi	:	De nada. Ten cuidado, ¿eh?
Ami	:	Sí, gracias.

Ken	:	Perdone, profesor. ¿Dónde está el despacho del profesor González?
Profesor	:	Pues, su despacho está en el edificio 7.
Ken	:	Y, ¿en qué piso está?
Profesor	:	Está en el tercer piso.
Ken	:	Muchas gracias. Es usted muy amable.
Profesor	:	No hay de qué.

Gramática 5

1 estar の直説法現在

A) 活用

yo	estoy	nosotros, nosotras	estamos
tú	estás	vosotros, vosotras	estáis
él / ella / usted	está	ellos / ellas / ustedes	están

B) 用法

1) **estar + 副詞・形容詞**：主語の状態を表す（形容詞は主語の性・数に一致する）．

¿Cómo estás? — Estoy muy bien.

José está ocupado.
María está ocupada.
Los profesores están ocupados.
Las profesoras están ocupadas.

La sopa no está caliente. Está fría.

¿Los bancos están abiertos mañana?
— No están abiertos, porque mañana es sábado.

Mi habitación está sucia, pero tu habitación está limpia.

2) **estar + 場所を表す語句**：主語の所在を表す（〜は〜にいます（あります））．

José está en la biblioteca.
Madrid está en el centro de España.
¿Dónde está el Museo del Prado? — Está cerca de aquí.
Ahora estamos en el Zócalo de la Ciudad de México.
Las pirámides de Teotihuacán están en México.

2 ser と estar の比較

ser　：性質・形状などを表す．
estar ：一時的な状態を表す．

¿Cómo es María? — María es alegre. También es muy simpática.
¿Cómo está María? — María está alegre ahora.

¿Cómo es la chica? — La chica es muy nerviosa.
¿Cómo está la chica ahora? — La chica está muy nerviosa ahora.

¿Cómo es Roberto? — Roberto es guapo.
Roberto está guapo. ¿Por qué está tan guapo hoy?

3 所有詞（前置形）

名詞の前に置いて、「私の〜」「君の〜」「彼の〜」という所有を表す形容詞．

単数	mi	nuestro (nuestra)	padre (madre)
	tu	vuestro (vuestra)	
	su	su	

複数	mis	nuestros (nuestras)	hijos (hijas)
	tus	vuestros (vuestras)	
	sus	sus	

¿Cuándo es tu cumpleaños? — Mi cumpleaños es pasado mañana.
¿Dónde está vuestra oficina? — Nuestra oficina está cerca de aquí.

A la carta "Plaza Amigos"

テオティワカン（**Teotihuacán**）はメキシコ中央高原に紀元前2世紀に築かれ紀元6世紀ごろまで栄えた都市国家です．「神々が集うところ」を意味するメソアメリカ最大の遺跡で，トウモロコシ栽培を基盤に強力な神権政治によって統治され，最盛期には20万人以上を擁したといわれます．テオティワカンは計画的に建設された都市で，南北に走る**死者の道**（**Calzada de los Muertos**）を基軸に，高さ65m，底辺が225mの巨大建造物，**太陽のピラミッド**（**Pirámide del Sol**）や月のピラミッド（**Pirámide de la Luna**），さらに南端には農業と深い関係のある羽毛の生えた蛇神ケツァルコアトル（**Quetzalcóatl**）を祀る神殿が配置された宗教都市国家でした．遺跡巡りの前に，メキシコシティのチャプルテペック（**Chapultepec**）公園内にある**国立人類学博物館**（**Museo Nacional de Antropología**）は是非訪れたいところです．

Ejercicios 5

[A-1] ( ) 内に **estar** の適切な活用形を書き，形容詞を必要に応じて変化させましょう．
1) ¡Cuidado! La sopa (   ) *caliente* _____ .
2) ¡Niños!, ¿por qué (   ) tan *nervioso* _____ hoy?
3) Los bancos todavía (   ) *cerrado* _____ .
4) Nosotras (   ) *ocupado* _____ esta noche.
5) Mercedes, ¿(   ) bien? — Sí, sólo (   ) un poco *cansado* _____ .

[A-2] ( ) 内に **estar** または **ser** の適切な活用形を入れ，会話を完成させましょう．
1) ¿Cómo (   ) tu madre? — Muy bien, gracias.
2) ¿De dónde (   ) ustedes? — (   ) de Granada.
3) ¿Dónde (   )(vosotros)? — (   ) en el hospital.
4) Tú (   ) muy guapa en esta foto. — Gracias.
5) ¿Qué tal la clase de japonés? — ¡Hombre!, (   ) muy difícil.

[B] 次の文をスペイン語で書いてみましょう．
1) 僕たちの大学はこの近くにあります．〈aquí, cerca〉

2) 彼らの家はいつもきれいだ．〈siempre, limpio〉

3) 彼女の小説はとてもおもしろい．〈interesante, novelas〉

4) 君は明日，暇かい？〈mañana, libre〉

[C] 絵を見て，次の質問の答えを書きましょう．
次にCDを聞いて，確認しましょう．
1) ¿Dónde están los servicios?
   Están en *el primer* y *tercer piso*.
2) ¿Dónde está la sala de ordenadores?

3) ¿Dónde están los despachos de los profesores?

4) ¿Dónde está la cafetería?

¿Qué hay de nuevo?

 Diálogo

(En el comedor)

John : Hola, Ami. **¿Qué hay de nuevo?**
Ami : Hola, John. Pues, yo estoy un poco cansada.
John : Ami, ¡ánimo!
¿Sabes? Esta noche hay un concierto de Juanes en el Auditorio.
Ami : Ah, ¿sí? ¡Qué bien!
¿A qué hora es el concierto?
John : El concierto es a las siete de la noche.
Ami : ¿Hay entradas todavía?
John : Sí, mira. Aquí hay dos entradas. ¿Vamos juntos?
Ami : Sí, claro. ¡Vamos!

(En la calle)

Ken : Oiga, señor.
Señor : ¿Sí?
Ken : ¿Qué hora es?
Señor : Son las tres y media de la tarde.
Ken : Muchas gracias.
Señor : De nada.

Gramática 6

1 hay の用法

hay は動詞 haber の3人称単数形（特別な活用形 hay を用いる）で，後に名詞をしたがえて「〜があります」「〜がいます」という「存在」の意味を表す．

Aquí	hay	un libro.
		unos libros.
		tres libros.
		muchos libros.
Ahí	hay	una muchacha.
		muchos jóvenes.
Allí	hay	una casa blanca.
		unas casas blancas.

¿Cuántos libros hay en la mesa?
　— Hay cinco libros en la mesa.

¿Hay alguien en casa?
　— No, no hay nadie en casa.
　　＊不定語 alguien（誰か）と否定語 nadie（誰も〜ない）

¿Hay algo en la nevera?
　— No, no hay nada en la nevera.
　　＊不定語 algo（何か）と否定語 nada（何も〜ない）

no hay nadie
no hay nada は
二重否定ではない

No hay problema.
Hola, ¿qué tal? ¿Qué hay de nuevo?
En España hay tres fiestas tradicionales: los Sanfermines de Pamplona, la Feria de Abril de Sevilla y las Fallas de Valencia.

A la carta "Plaza Amigos"

スペイン各地にはそれぞれ伝統的な**祭り**（**fiesta**）があります．なかでも世界的に有名な祭りは，ヘミングウェーの『日はまた昇る』でも知られるパンプローナの牛追い祭り＝**サンフェルミン祭**（**Los Sanfermines**）（7月7〜14日）と，**聖週間**（**Semana Santa**）後の火曜日から金曜日までの6日間行われるセビーリャの**春祭り**（**Feria de Abril**），そしてバレンシアの**火祭り**（**Fallas de Valencia**）（3月12〜19日）です．バレンシアの火祭りは聖ヨセフの祭りですが，19日の夜は **Nit del foc**「炎の夜」と呼ばれ，**ninots** あるいは**ファリャ**（**falla**）と呼ばれる張り子の大人形を燃やして，本格的な春を迎え入れる儀式が行われます．

2　estar と hay の比較

estar ： 特定の人・物が「どこにいる（ある）のか」，その所在を表す．
hay　 ： 不特定の人・物の存在（有無）を表す．

El niño está en el patio.
Hay un niño en el patio.

La librería "Don Quijote" está en el centro.
Hay muchas librerías en esta calle.

Hoy no hay clase de español.

3　時刻・曜日・月日の表現

ser を用いて「時刻・曜日・月日」などを表す．

¿Qué hora es? — Es la una.
　　　　　　　　Son las dos.
　　　　　　　　Son las dos y diez.
　　　　　　　　Son las dos y cuarto [quince].
　　　　　　　　Son las dos y media [treinta].
　　　　　　　　Son las tres menos cinco.

¿Qué hora es? は「今何時？」，
¿A qué hora es...? は「〜は何時に始まる？」

¿Qué día es hoy?　 — Hoy es domingo.
¿Qué fecha es hoy? — Hoy es (el) dos de mayo.

曜日						
lunes	martes	miércoles	jueves	viernes	sábado	domingo
月名						
enero	febrero	marzo	abril	mayo	junio	
julio	agosto	septiembre	octubre	noviembre	diciembre	

― 基数 2（16-31）―

16 **dieciséis**　17 **diecisiete**　18 **dieciocho**　19 **diecinueve**　20 **veinte**
21 **veintiuno**　22 **veintidós**　23 **veintitrés**　24 **veinticuatro**　25 **veinticinco**
26 **veintiséis**　27 **veintisiete**　28 **veintiocho**　29 **veintinueve**　30 **treinta**
31 **treinta y uno**

Ejercicios 6

[A-1] （　　）内に **estar** の適切な活用形，または **hay** を書き入れましょう．

1) Ahora Juana y yo (　　　　) en una cafetería al lado del parque.
2) En septiembre (　　　　) tres días festivos.
3) ¿Dónde (　　　　) tus amigos?
4) Mira, allí (　　　　) nuestra universidad.
5) No (　　　　) taxi a estas horas.
6) ¿(　　　　) algo interesante en la televisión?
7) ¡Juanito! ¿Dónde (　　　　)(tú)? — (　　　　) aquí.
8) Tokio (　　　　) en el centro de Japón.

[A-2] 空欄を埋めて，時刻や日付を表す文を完成させましょう．

1) 15:30 → (　　) las (　　　) (　　　) (　　　) de la tarde.
2) 9:15 → (　　) las (　　　) (　　　) (　　　) de la mañana.
3) 12:55 → (　　) la (　　　) (　　) (　　　) de la tarde.
4) 5:10 → (　　) las (　　　) (　　) (　　　) de la mañana.
5) 22:45 → (　　) las (　　　) (　　) (　　　) de la noche.
6) 9/21 (水) → Hoy es (　　　　), 21 de (　　　　).
7) 3/5 (土) → Hoy es (　　　　), 5 de (　　　　).

[B] 次の文をスペイン語で書いてみましょう．

1) この教室には学生が何人いますか？ － 28人います．〈clase〉

2) この近くにスーパーはありますか？ － はい，一軒あります．〈supermercado, cerca〉

3) 君たちのホテルはどこですか？ － 駅のとなりです．〈al lado de...〉

[C] CDを聞いて，次の質問の答えを書きましょう．

1) ¿Qué hay cerca de la casa de Manuel?

2) ¿Qué hay cerca de la casa de Juana?

施設・店舗

biblioteca（図書館），estación（駅），parque（公園），oficina de Correos（郵便局）
supermercado（スーパーマーケット），librería（本屋），farmacia（薬局）
restaurante（レストラン），bar（バル），museo（博物館），ayuntamiento（市役所）

¿Estudias o trabajas?

Diálogo

(En el comedor)

Agnés : Ken, una pregunta. En Tokio, **¿estudias o trabajas?**
Ken : Yo estudio Economía en la universidad pero trabajo por horas en un restaurante español. ¿Y tú, Agnés?
Agnés : Yo trabajo en un banco, pero ahora estudio español.
Ken : ¿Ah, sí? ¡Qué bien! ¿Cuántas horas trabajas al día?
Agnés : Normalmente yo trabajo ocho horas al día. ¿Y tú?
Ken : Depende del día, pero yo normalmente trabajo cinco horas.

(En la estación)

Ken : Disculpe, señora.
Señora : ¿Sí?
Ken : ¿A qué hora llega el próximo tren para el centro?
Señora : El próximo tren llega dentro de unos minutos.
Ken : Muchas gracias, señora.
Señora : De nada.

Gramática 7

1 -ar 動詞の直説法現在

A) 活用

hablar（話す）

yo	hablo	nosotros, nosotras	hablamos
tú	hablas	vosotros, vosotras	habláis
él ella usted	habla	ellos ellas ustedes	hablan

B) 用法

1) 現在の事柄・状態・動作・習慣などを表す．

¿Hablas español? — Sí, hablo español.　(← hablar)
　　　　　　　　　　No, no hablo español.

¿Qué escuchas?　(← escuchar)
　— Escucho una canción española.

¿Dónde trabaja tu padre?　(← trabajar)
　— Mi padre trabaja en una casa comercial.

Siempre tomo café solo.　(← tomar)

Mi tío siempre lleva sombrero.　(← llevar)

2) 確実に行われる未来の事柄を表す．

¿Cuándo visitáis el Museo del Prado?　(← visitar)
　— Visitamos el sábado el Museo del Prado.

¿Cuándo viajáis por Europa?　(← viajar)
　— Mis padres y yo viajamos por Europa este verano.

定冠詞 el + 曜日は「〜曜日に」の意味

2 疑問詞の用法 (qué, cuándo, dónde, quién, cómo, cuánto, cuál) (→cf. p.16)

¿Qué estudias?　(← estudiar)
　— Estudio Literatura.

¿Qué lenguas habla el profesor González?
　— El profesor González habla español, inglés y alemán.

¿Dónde compras el periódico?　(← comprar)
　— Siempre compro el periódico en el quiosco.

¿A qué hora llega el tren?　(← llegar)
　— El tren llega dentro de unos minutos.

¿Quién paga los cafés?　(← pagar)
　— Yo pago.
¿Cuánto tardas hasta tu casa?　(← tardar)
　— Tardo una hora.
¿Por qué no cantas?　(← cantar)
　— Porque canto mal. Pero Carmen canta muy bien.
　　Además baila muy bien flamenco.　(← bailar)

3　間接目的語につく前置詞　**a**：「〜に」

Enseño las fotos a José.　(← enseñar)
(← ¿A quién enseñas las fotos?)
¿A quién regalas estas flores?　(← regalar)
　— Regalo estas flores a María para su cumpleaños.
¿Dejas tu coche a los amigos?　(← dejar)
　— Sí, claro, dejo mi coche a los amigos.

a el profesor は al profesor になる

4　直接目的語が人間の場合につく前置詞　**a**：「〜を」

Busco a Rosa.　(cf. Busco la llave del coche.)　(← buscar)
¿A quién buscas?　(cf. ¿Qué buscas?)
¿A quién esperáis?　(← esperar)
　— No esperamos a nadie.
Invitamos a los amigos a la fiesta.　(← invitar)
Mi amiga Raquel llama por teléfono a su hija todos los días.　(← llamar)
Mañana llevo a los niños al zoo.

―――― *A la carta "Plaza Amigos"* ――――

スペインは世界の絵画界に数々の傑作を送り込んだ偉大なる画家を輩出した国です．これらの絵画の多くは美術館に展示されていますが，プラド通り周辺にあるプラド美術館（**Museo del Prado**），ソフィア王妃芸術センター国立美術館（**Museo Nacional Centro de Arte Reina Sofía**），ティッセン・ボルネミッサ美術館（**Museo Thyssen-Bornemisza**）の三大美術館はマドリードの芸術の「黄金三角形 **Triángulo de Oro**」と呼ばれています．ムリーリョ（**Bartolomé Esteban Murillo**），ベラスケス（**Diego de Silva y Velázquez**），ゴヤ（**Francisco de Goya**），ピカソ（**Pablo Ruiz Picasso**）の作品を堪能しながらのマドリード散策も一興です．バルセロナと郷里マラガにあるピカソ美術館，また，ミロ美術館も見逃せません．

Ejercicios 7

[A-1] (　　) 内に動詞の適切な活用形を書き入れましょう．
1) ¿Qué lenguas (hablar-　　　　　) tú?
 — Pues... (hablar-　　　　　) portugués, italiano y español.
2) Todas las mañanas yo (tomar-　　　　　) un vaso de leche.
3) Mi novia (bailar-　　　　　) muy bien salsa.
4) ¿Cuánto (tardar-　　　　　) vosotros hasta la universidad?
 — (　　　　　) más o menos una hora.
5) ¿Qué (escuchar-　　　　　) Vd.? — (　　　　　) un programa musical de la radio.

[A-2] (　　) 内に動詞の適切な活用形を書き，必要に応じて [　　] に前置詞を入れましょう．
1) Mi abuelo (pasear -　　　　　) por el parque todas las mañanas.
2) Estos niños (ayudar -　　　　　) mucho [　　] sus padres.
3) ¿[　　] qué hora (llegar-　　　　　) el próximo autobús?
 — (Llegar-　　　　　) [　　] las dos y media.
4) ¿Dónde (trabajar -　　　　　) vosotros? — (　　　　　) [　　] un restaurante.
5) ¿Quién (pagar -　　　　　) la comida? — (Pagar -　　　　　) nosotros.
 — ¡Qué bien! Muchas gracias.

[B] 次の文をスペイン語で書いてみましょう．
1) 君たちは何語を話すの？ － スペイン語と日本語を話します．〈lengua〉

2) 君は誰を待っているの？ － 友達を待っているんだ．〈esperar〉

3) 私の妻は毎日，両親に電話します．〈mujer, padres, llamar, día〉

4) あなた方はいつ先生を食事に招待なさいますか？
 － 金曜日に先生を招待します．〈invitar, comida〉

[C] CDを聞いて、次の質問の答えを書きましょう．

1) ¿Dónde trabaja Manuel?

2) ¿Qué visita Manuel los sábados?

3) ¿Qué compra Manuel en el quiosco?

CD-51

科目
Literatura（文学），Ciencias Políticas（政治学），Comercio（商学），Ingeniería（工学），Economía（経済学），Idiomas（言語），Informática（情報学），Derecho（法学）

¿Qué comemos?

 Diálogo

(Después del concierto)

Ami : ¡Qué divertido el concierto de Juanes!
John : Sí, fantástico.
Ami : (Sonido de tripas) ¡Ah! Yo estoy muerta de hambre.
John : Sí, yo también. ¿Comemos algo?
Ami : Sí, sí. **¿Qué comemos?**
John : Pues, ¿vamos de tapas?
Ami : Sí, ¡tapas, tapas! Pero, ¿dónde comemos tapas?
John : ¿Qué tal la taberna "Jaén"?
Ami : ¡Perfecto! ¡Vamos, vamos!

Ken : Disculpe profesor, ¿esta bicicleta es suya?
Profesor : Sí, esta bicicleta es mía.
Ken : Una pregunta. ¿Dónde vive usted?
Profesor : Yo vivo en el centro, cerca del Museo del Prado.
Ken : ¡Oh! ¡Qué envidia!

Gramática 8

1 -er動詞の直説法現在

A) 活用

comer（食べる）

yo	com**o**	nosotros, nosotras	com**emos**
tú	com**es**	vosotros, vosotras	com**éis**
él ella usted	com**e**	ellos ellas ustedes	com**en**

B) 用法

¿Qué comemos?　（← comer）
— Pues, yo como carne, ¿y tú?
— Yo como pescado.

¿Qué idiomas aprendéis en el colegio?　（← aprender）
— Aprendemos español e inglés.
¿Lees el periódico todas las mañanas?　（← leer）
— ¡Por supuesto! Leo el periódico todas las mañanas.
Creo que tú bebes demasiado.　（← creer, beber）
¿Comprendes al profesor?　（← comprender）
— No, no comprendo nada al profesor.
¿Qué vende tu tía en el mercado?　（← vender）
— Mi tía vende frutas y verduras en el mercado.
Debes estar en cama, porque estás enfermo.　（← deber）
No debes trabajar mucho, ¿eh?

> español e inglés, padre e hijo のように y は i-, hi- の前で e になる

2 -ir動詞の直説法現在

A) 活用

vivir（住む；生きる）

yo	viv**o**	nosotros, nosotras	viv**imos**
tú	viv**es**	vosotros, vosotras	viv**ís**
él ella usted	viv**e**	ellos ellas ustedes	viv**en**

B) 用法

¿Dónde vives? — Vivo cerca de aquí. (← vivir)
Escribo muchas cartas a mis padres. (← escribir)
Abrimos las ventanas para respirar aire fresco. (← abrir)
Mañana subimos al Monte Blanco. (← subir)

3 所有詞（後置形）

単数	amigo (amiga)	mío (mía)	nuestro (nuestra)	複数	amigos (amigas)	míos (mías)	nuestros (nuestras)
		tuyo (tuya)	vuestro (vuestra)			tuyos (tuyas)	vuestros (vuestras)
		suyo (suya)	suyo (suya)			suyos (suyas)	suyos (suyas)

1) 名詞の後ろに置かれ，名詞の性・数に応じて語尾が変化する．
　Aquella es la casa de un amigo mío.

2) **ser** + 所有詞の後置形：「～は誰々のである」を表す．
　Este libro no es mío, es tuyo.

3) 定冠詞＋所有詞の後置形：「誰々のもの」を意味する．
　¿Este paraguas es suyo? — No, el mío está ahí.

―――― *A la carta "Plaza Amigos"* ――――

スペインのバル（**bar**）は日本のバーとは異なり，子供たちや家族づれでも出入りできる大衆的な飲食店です．カウンターで立ち飲み（立ち食い）するのが一般的で，ビールやワインなどアルコール飲料からコーヒーや軽食，昼食もとることができます．街中，劇場，駅など公共の場所に数多くあります．バルでの朝食の定番として **chocolate con churros**（チョコラーテとチュロス）が人気です．**churros** は絞り出した小麦粉の生地を油で揚げたものです．各バルは**タパス**（**tapas**）と呼ばれる自慢のつまみがあって，ひいきにしているバルで飲んで食べて，はしごするのも一興です．**Cataluña** 地方で作られるスパークリングワインの**カバ**（**cava**）も是非味わっていただきたいものです．

Ejercicios 8

[A-1] （　）内に動詞の適切な活用形を書き，[　]に前置詞を入れましょう．
1) Mis padres (vender-　　　　) frutas y verduras [　] el mercado.
2) ¿(Creer-　　　　) tú la noticia? — No, no (　　　　) la noticia.
3) Nosotros (leer-　　　　) el periódico todas las mañanas.
4) ¿ [　] qué hora (abrir-　　　　) el museo?
5) Muchos estudiantes (subir-　　　　) al ascensor.
6) Mi hermana (deber-　　　　) estar [　] cama, porque está mal.
7) Yo (escribir-　　　　) un mail [　] mi novio todas las noches.
8) ¿Dónde (vivir-　　　　) tú? — (Vivir-　　　　) [　] el centro.

[A-2] （　）内に適切な所有詞を入れましょう．
1) Esta es una hermana (私の　　　　).
2) (彼の　　　　) padres son de Yokohama. Y, ¿de dónde son los (君の　　　　)?
3) Estas maletas no son (私たちの　　　　), sino (彼らの　　　　).
4) (君たちの　　　　) piso es muy bonito.

[B] 次の文をスペイン語で書いてみましょう．
1) 君はしっかり働かなければなりません．〈mucho〉

2) カフェテリアは9時に開きます．〈cafetería〉

3) 私にはあなたの質問がわかりません．〈pregunta〉

4) このスーツケースは私のだと思います．〈maleta〉

[C] CDを聞いて，次の質問の答えを書きましょう．
1) ¿Dónde están Ana y Miguel?
2) ¿Qué come Ana?
3) ¿Qué beben Ana y Miguel?
4) ¿Qué vende el padre de Ana en el mercado?

CD-57

飲み物
café con leche（カフェオレ），zumo [jugo] de naranja（オレンジジュース），té（紅茶）
vino tinto（赤ワイン），vino blanco（白ワイン），cerveza（ビール），agua（水）

¿Qué quieres tomar?

 CD-58

 **Diálogo**

(En la taberna "Jaén")

John	:	Hola. ¿Qué tal?
Camarero	:	Hola John. ¿Qué hay de nuevo? **¿Qué quieres tomar?**
John	:	Quiero una caña y una tapa de paella. ¿Y tú, Ami?
Ami	:	Pues, quiero un vino tinto, una tapa de croquetas y jamón serrano. Yo estoy muerta de hambre.
Camarero	:	¿Algo más?
Ami	:	No, nada más.
Camarero	:	Vale. Un momento, por favor.

(En un restaurante)

CD-59

Camarero	:	Buenas noches, señor. ¿Qué desea?
Ken	:	¿Puede decirme la especialidad de la casa?
Camarero	:	Sí. Sopa de ajo, paella de mariscos y ternera asada.
Ken	:	Pues, quiero sopa de ajo y ternera asada, por favor.
Camarero	:	Y, ¿para beber?
Ken	:	Una copa de vino tinto de Rioja, por favor.
Camarero	:	Muy bien, señor. Un momento.

Gramática 9

1 querer の直説法現在

A) 活用

querer

yo	**quiero**	nosotros, nosotras	queremos
tú	**quieres**	vosotros, vosotras	queréis
él ella usted	**quiere**	ellos ellas ustedes	**quieren**

B) 用法

1) **querer + 物**：～が欲しい

   ¿Qué quieres? — Quiero un helado.

2) **querer + 不定詞**：～したい

   Quiero sacar una foto de este paisaje.

   Queremos viajar por España para conocer los monumentos históricos del Patrimonio de la Humanidad de UNESCO.

   ¿Quieres ir al cine conmigo?
   　— Sí, con mucho gusto.

   ¿Qué quieres hacer mañana?
   　— Quiero hacer compras en los grandes almacenes.

   > 「私といっしょに」は conmigo.
   > 「君といっしょに」は contigo.

   Pilar　 : ¿Qué queréis tomar?
   Paco　 : Yo quiero tomar un té de manzanilla.
   Moncho : Pues, yo quiero tomar un café con leche.

3) **querer a + 人**：～を愛する

   Don José quiere mucho a sus nietos.

   Paco　 : ¿Quieres a María?
   Moncho : Sí, claro, quiero mucho a María.
   Paco　 : Yo también quiero mucho a María.
   Moncho : Todos queremos mucho a María.

CD-61

2 **poder** の直説法現在

A) 活用

poder

yo	**puedo**	nosotros, nosotras	podemos
tú	**puedes**	vosotros, vosotras	podéis
él ella usted	**puede**	ellos ellas ustedes	**pueden**

B) 用法

1) **poder** + 不定詞（状況・資格・能力から：～することができる，～が可能である）

   Desde aquí podemos ver bien el paisaje.
   ¿Puedes venir mañana a las ocho?
   　　— Lo siento, pero no puedo venir mañana.
   El hombre puede vivir sin beber unos días.

2) **poder** + 不定詞（許可：～してもよい；（否定文で）～してはいけない）

   ¿Puedo entrar?　— ¡Sí, cómo no!
   Papá, ¿podemos salir esta noche con los amigos?
   Oye, no puedes decir esto a nadie.

3) **poder** + 不定詞（可能性：～かもしれない；（否定文で）～であるはずがない）

   El cielo está nublado. Puede llover pronto.
   ¿Está en casa el profesor?
   　　— Sí, a esta hora puede estar en casa.
   Eso no puede ser verdad.

4) **poder** + 不定詞（依頼：～していただけませんか？）

   ¿Puede usted abrir la ventana?　— Claro que sí.

A la carta "Plaza Amigos"

スペインはユネスコ世界遺産（**Patrimonio de la Humanidad**）が世界で最も多い国のひとつです．なかでも，コルドバ旧市街（**casco antiguo**）とイスラム教寺院のメスキータ（**mezquita**），グラナダのアルハンブラ宮殿（**la Alhambra**），セゴビア旧市街と水道橋（**Acueducto de Segovia**），サンティアゴ・デ・コンポステーラの大聖堂（**Catedral de Santiago de Compostela**），マドリード近郊にあるフェリペ2世が建立したエル・エスコリアル修道院（**El Escorial**），トレド（**Toledo**）やカセレス（**Cáceres**）の旧市街，そしてセビーリャ（**Sevilla**）の大聖堂など，地図を片手に訪ね歩くのもスペイン旅行の楽しみのひとつです．

📘 Ejercicios 9 ✍️

[A] (   ) 内に **querer** または **poder** の活用形を書き入れましょう.

1) ¿(   ) usted un café? — Sí, gracias.

2) ¿(   )(tú) venir mañana a las nueve menos cuarto?

　　—No (   ) venir. Lo siento...

3) ¿Qué (   ) comer usted?

　　— (   ) comer algo ligero.

4) ¿Dónde está José?

　　— A esta hora (   ) estar en casa.

5) Nosotros (   ) mucho a nuestra abuela.

6) ¿(   ) comer algo? Estoy muerto de hambre.

7) Disculpe, ¿(   )(nosotros) usar este ordenador?

8) Si estás mal, no (   ) beber alcohol.

[B] 次の文をスペイン語で書いてみましょう.

1) 私たちは今年の夏，スペインを旅行したいです.〈verano, viajar〉

2) 君たち，もっと小さい声で話してくれないか.〈más bajo〉

3) 君は何が飲みたいの？　－紅茶をお願いします.〈té〉

4) 窓を閉めてもいいですか？　－はい、もちろん.〈cerrar, ventana〉

5) 今日の午後，雨が降るかもしれません.〈tarde, llover〉

[C] CDを聞いて，正しければ **V**（=verdadero），誤りならば **F**（=falso）にチェック　**CD-62**
を入れ，誤りの場合は，正しい答えを言いましょう.

1) Ana quiere comer carne.　　　　　　V☐ F☐

2) Ana quiere tomar café con leche.　　V☐ F☐

3) Miguel no quiere cerrar la ventana.　V☐ F☐

4) Ana quiere una sopa fría.　　　　　 V☐ F☐

四季

primavera（春）　　　verano（夏）　　　otoño（秋）　　　invierno（冬）

37

Hoy hace buen tiempo.

 Diálogo

(En el Parque del Retiro)

Javi	:	Hola, Ami. ¡Cuánto tiempo!
Ami	:	Hola, Javi. ¿Qué tal?
Javi	:	**Hoy hace buen tiempo**, ¿verdad?
Ami	:	Sí, pero yo tengo mucho calor y tengo sueño.
Javi	:	Por cierto, ¿qué tiempo hace en Japón ahora?
Ami	:	En Japón no hace tanto calor, pero hay mucha humedad.
Javi	:	Ah, ¿sí? Bueno, ¿quieres tomar un helado?
Ami	:	Sí, sí. ¡Buena idea! ¡Vamos!

Entrevistador	:	Buenos días. ¿Cuál es su nombre?
Ken	:	Mi nombre es Ken.
Entrevistador	:	¿Cuántos años tiene usted?
Ken	:	Tengo 22 años.
Entrevistador	:	¿Cuánto tiempo hace que estudia español?
Ken	:	Estudio español desde hace dos años.

Gramática 10

1 hacer の直説法現在

A) 活用

hacer

yo	**hago**	nosotros, nosotras	hacemos
tú	haces	vosotros, vosotras	hacéis
él / ella / usted	hace	ellos / ellas / ustedes	hacen

B) 用法

1）する，行う

¿Qué haces mañana? — No, no hago nada en particular.

2）作る；創造する

¿Por qué no hacemos pasteles?

Hago una página web personal.

C) hace の用法

1）天候表現

Hace frío [calor, fresco, buen tiempo, mal tiempo].

¿Qué tiempo hace hoy?

　— Hace buen tiempo, pero hace frío.

Hoy hace sol, pero hace mucho viento.

＊その他の天候表現（**llover, nevar** など）

En Japón llueve mucho en junio y julio.　（llover → llueve）

Casi nunca nieva en la costa del Mediterráneo.　（nevar → nieva）

Hoy está nublado y hace mal tiempo.

2）時の経過を表す（〜してから〜が経つ，〜前から〜している）

Hace dos años que estudio español.

　　（= Estudio español desde hace dos años.）

¿Cuánto tiempo hace que estudias español?

2 tener の直説法現在

A) 活用

tener

yo	**tengo**	nosotros, nosotras	tenemos
tú	**tienes**	vosotros, vosotras	tenéis
él ella usted	**tiene**	ellos ellas ustedes	**tienen**

B) 用法

1) 持っている，所有する

　　¿Tienes ordenador? — Sí, tengo uno de último modelo.
　　¿Tenéis coche? — No, no tenemos coche.
　　Carmen tiene los ojos azules.

2) （年齢）〜歳である

　　¿Cuántos años tiene usted? — Tengo cuarenta años.

3) （行事などが）ある；（時間などが）ある

　　¿Tenéis clase pasado mañana?
　　¿Tienes tiempo esta noche? — Lo siento, pero estoy muy ocupado.

4) （家族などを）持つ

　　¿Cuántos hermanos tienes? — Tengo un hermano y dos hermanas.

5) （感覚・感情などを）持つ

　　Tengo calor [frío, hambre, sed, sueño, prisa, dolor de cabeza, suerte].
　　Hoy no tengo ganas de comer.
　　Tú tienes razón.

6) **tener que** + 不定詞（義務：〜しなければならない；（否定文で）〜する必要はない）

　　Mañana por la tarde tengo que ir al hospital.
　　Mañana es día festivo y no tenemos que trabajar.

───────── 基数3（31-100）─────────

31 **treinta y uno**	32 **treinta y dos**	40 **cuarenta**	41 **cuarenta y uno**
50 **cincuenta**	60 **sesenta**	70 **setenta**	80 **ochenta**
90 **noventa**	100 **cien**		

Ejercicios 10

[A-1] （　）内に **hacer** または **tener** の適切な活用形を書き入れましょう．

1) Esta primavera nosotros (　　　　) un viaje por México.
2) ¿Cuántos años (　　　　) vuestra madre?
　— (　　　　) cincuenta y cinco años de edad.
3) Oye, ¿qué tienes? Estás de mal humor.
　— Perdón, (　　　　) mucha hambre. Además (　　　　) sed.
4) Tú (　　　　) que comer más verduras, ¿eh?
　— Sí, tú (　　　　) razón.
5) José y yo somos amigos desde (　　　　) mucho tiempo.

[A-2] ☐ 内の動詞の適切な活用形を書いて，天候を表現してみましょう．

1) Esta semana (　　　　) sol y (　　　　) muy buen tiempo.
2) En Japón (　　　　) pocas veces en abril.
3) Hoy (　　　　) mucho viento y mucho frío.
4) Hoy (　　　　) nublado y pronto puede (　　　　).

hacer	nevar
llover	hacer
hacer	estar

[B] 次の文をスペイン語で書いてみましょう．

1) 今日は日が照っているが，あまり暑くない．〈sol〉

2) 私たちは8年前から英語を勉強している．

3) 今，時間ある？ － 悪いけど，すごく急いでいるんだ．〈tiempo, prisa, lo siento〉

4) 君は今晩何をするの？ － 宿題をすませなくちゃ．〈acabar, los deberes〉

[C] CDを聞いて，次の質問に答えましょう．

1) ¿Cuántos hermanos tiene Carmen?

2) ¿Cuántos años tiene su hermano mayor Alfonso?

3) ¿Quién es Pilar?

4) ¿Cuántos años tiene Pilar? ¿Y Carmen?

家族・親戚
hermano mayor/menor（兄/弟），hermana mayor/menor（姉/妹），hijo/hija（息子/娘）
abuelo/abuela（祖父/祖母），tío / tía（おじ/おば），primo/prima（いとこ）
sobrino/sobrina（おい/めい），nieto / nieta（孫）

¿Qué vas a hacer este fin de semana?

 Diálogo

(En la cafetería del campus)

Ken	:	Agnés, **¿qué vas a hacer este fin de semana?**
Agnés	:	Pues, nada. ¿Por qué?
Ken	:	¿No quieres ir de excursión este domingo?
Agnés	:	Claro, ¿a dónde vamos?
Ken	:	Vamos a Toledo en coche.
Agnés	:	Buena idea. ¿Vienes a mi casa a recogerme?
Ken	:	Vale. Voy a tu casa a las seis y media.
Agnés	:	¡Qué temprano!

(En la estación de Atocha, Madrid)

Voz	:	Señores pasajeros, el AVE procedente de Córdoba tiene su llegada a las 20 horas en el andén 9.
Ami	:	Disculpe señor, ¿a qué hora llega el AVE de Córdoba?
Empleado	:	Viene a las 20 horas.
Ami	:	¿A qué andén llega?
Empleado	:	Va a llegar al andén 9.
Ami	:	Muchas gracias.
Empleado	:	De nada.

Gramática 11

1 ir の直説法現在
A) 活用

ir

yo	**voy**	nosotros, nosotras	**vamos**
tú	**vas**	vosotros, vosotras	**vais**
él / ella / usted	**va**	ellos / ellas / ustedes	**van**

B) 用法

1) **ir a +** 場所：～へ行く，向かう

   ¿A dónde vas? — Voy al banco.

   María　　：¿A dónde vais este fin de semana?
   Moncho：Vamos al lago con los amigos.
   María　　：¿En qué vais al lago?
   Moncho：Vamos en coche.

   「歩いて行く」は ir a pie.

   ＊**ir en ...**（乗り物に）乗って行く
   　　ir en autobús [taxi, bicicleta, tren, metro, avión]
   ＊**ir de compras** [pesca, paseo, viaje, excursión]
   　　（買い物［釣り，散歩，旅行，遠足］に行く）

   ¿A dónde va, Doña María?
   　— Voy de compras al mercado.
   Mi padre va de pesca todos los fines de semana.

2) **ir a +** 不定詞：（未来）～する予定である，～するつもりである

   ¿Qué vas a hacer mañana por la mañana?
   　— Voy a hacer ejercicio en el centro de deportes.
   ¿Dónde vas a cenar esta noche?
   　— Voy a cenar en la casa de mi amigo.
   Creo que va a llover esta tarde.

3) **vamos a +** 不定詞：さあ～しよう

   ¡Vamos a comer!
   ¡Vamos a jugar al tenis!

CD-72

2 venir の直説法現在

A) 活用

venir

yo	**vengo**	nosotros, nosotras	venimos
tú	**vienes**	vosotros, vosotras	venís
él ella usted	**viene**	ellos ellas ustedes	**vienen**

B) 用法

1) 来る

¿Cuándo va a venir el presidente de México a Japón?
— El presidente viene a Japón la semana que viene.
¿A qué hora llega el tren?
— Viene dentro de poco.
¿En qué vienes mañana?
— Vengo en coche.
Esta tarde mis amigos vienen a mi casa a comer.

2) **venir de**：〜の出身である；〜産である

¿De dónde vienen ustedes?
— Venimos de Caracas, Venezuela.
Este vino viene de La Rioja, España.

3) **venir de + 不定詞**：〜してきたところである

¿De dónde vienes?
— Vengo de jugar al fútbol con mis amigos.

A la carta "Plaza Amigos"

スペイン，チリ，アルゼンチンは世界的に有名なワインの産地です．ワインには，赤ワイン（**vino tinto**），白ワイン（**vino blanco**），ロゼワイン（**vino rosado**）があります．スペイン南部の都市 **Jerez de la Frontera** 地域で作られる独特の香りとこくのあるワイン，シェリー（**jerez = vino de Jerez**）もお薦めです．甘口ワイン（**vino dulce**）から辛口ワイン（**vino seco**），年代ものの熟成ワイン（**vino añejo**），ハウスワイン（**vino de la casa**）などさまざまな種類が楽しめます．

📕 **Ejercicios 11** 📝

[A] ( ) 内に **ir** または **venir** の適切な活用形を書き，[   ] に前置詞を入れましょう.

1) Carlos y yo (   ) de viaje a los Andes.

2) Yo (   ) de pesca [   ] mis amigos los fines de semana.

3) El cielo está nublado. Creo que (   ) [   ] llover pronto.

4) Tengo mucha sed. ¡(   ) a tomar un refresco!

5) — Oye, ¿cómo llegas aquí mañana?

    — (   ) [   ] autobús. ¿Y, tú?

    — Pues, yo (   ) [   ] pie. Porque vivo cerca [   ] aquí.

6) ¿[   ] dónde (   ) ustedes?

    — (   ) de Buenos Aires, Argentina.

7) ¿Cómo (   ) usted al trabajo?

    — (   ) al trabajo [   ] metro.

8) Mis amigos (   ) [   ] vacaciones la semana que (   ).

[B] 次の文をスペイン語で書いてみましょう.

1) 君たちは今晩，何をする予定なの？ － 映画に行くつもりなんだ. 〈el cine〉

2) 明日の夜，友人たちが私の誕生日を祝いに家に来てくれます. 〈celebrar, cumpleaños〉

3) ねえ，アナ，どこへ行くの？ － デパートに買い物に行くの. 〈grandes almacenes〉

[C] CDを聞いて，正しければ **V**, 誤りならば **F** にチェックを入れましょう. 誤りの場合は，正しい答えを言いましょう.

CD-73

1) Hoy hace muy mal tiempo.　　　　　　　　V ☐ F ☐

2) Hay una fiesta en la casa de Ramón.　　　V ☐ F ☐

3) La fiesta es a las nueve de la mañana.　　V ☐ F ☐

4) Ramón va a la fiesta en autobús.　　　　V ☐ F ☐

5) Ramón y su novia no tienen que comprar nada.　V ☐ F ☐

45

Sí, lo sé.

(En el mercado)

Ken : Agnés, ¿sabes el móvil de John?
Agnés : **Sí, lo sé.** ¿Por qué?
Ken : Es que no lo tengo y quiero hablar con él. ¿Me lo puedes dar?
Agnés : Claro. Es el 659332211.
Ken : Perdona. ¿Me lo puedes repetir de nuevo?
Agnés : 659332211.
Ken : Gracias.
Agnés : De nada.
Ken : Bueno, hasta luego. ¡Chao!
Agnés : ¡Chao!

(En la oficina de turismo)

Ken : Buenos días. ¿Me da usted un plano de la ciudad de Toledo, por favor?
Empleado : Sí, aquí tiene.
Ken : Una pregunta, ¿sabe usted dónde está la casa de El Greco?
Empleado : Sí. La casa de El Greco está en la calle Samuel Leví.
Ami : Muchas gracias.
Empleado : A usted.

Gramática 12

1 dar の直説法現在

CD-76

A) 活用

dar

yo	**doy**	nosotros, nosotras	damos
tú	das	vosotros, vosotras	dais
él / ella / usted	da	ellos / ellas / ustedes	dan

B) 用法

1) 与える，あげる；くれる

La abuela da dinero a los nietos.
Doy la comida a mi perro.

2)（会などを）催す；上演する；行う

Mañana damos una fiesta de bienvenida.
Esta noche dan una película muy buena en la televisión.
Doy un paseo por el parque.

2 saber の直説法現在

CD-77

A) 活用

saber

yo	**sé**	nosotros, nosotras	sabemos
tú	sabes	vosotros, vosotras	sabéis
él / ella / usted	sabe	ellos / ellas / ustedes	saben

B) 用法

1)（知識・情報として）知っている

¿Sabes su número de teléfono? — No, no sé su teléfono.
No sé cuándo es el examen.

＊目的語が「人」や「場所」などのときには saber ではなく conocer を用いる.
¿Conoces a Manuela? / No conocemos Madrid.

2)（学問・技能などに）精通している；（言葉が）できる

¿Sabes japonés? — Yo no. Pero Juan sabe muy bien japonés.

3) **saber + 不定詞**：（技能的に）〜できる

¿Sabes nadar?

— Sí, sé nadar. Pero ahora no puedo nadar, porque estoy resfriado.

＊saber「技能的に〜できる」，poder「〜することが可能である」の意味を表す.

3 目的格人称代名詞

a) 間接目的格：「〜に」

1人称	**me** 私に	**nos** 私たちに
2人称	**te** 君に	**os** 君たちに
3人称	**le** 彼に，彼女に あなたに	**les** 彼らに，彼女らに あなたがたに

La profesora Torres nos enseña español.

¿Me escribes pronto? — Claro, te escribo pronto.

¿A quién dejas tu coche? — Le dejo mi coche a mi sobrino.

（**le** が "**a** ＋人" に相当する）

b) 直接目的格：「〜を」

1人称	**me** 私を	**nos** 私たちを
2人称	**te** 君を	**os** 君たちを
3人称	**lo** 彼を，あなた（男）を それ（男性名詞・中性）を **la** 彼女を，あなた（女）を それ（女性名詞）を	**los** 彼らを，あなたがたを それら（男性名詞）を **las** 彼女らを，あなたがたを それら（女性名詞）を

¿Me quieres, Paco? — Sí, te quiero mucho.

¿Dónde me esperas? — Te espero en el bar de siempre.

¿Buscas a María? — Sí, la busco. ¿Sabes dónde está?

c) 間接目的格人称代名詞と直接目的格人称代名詞が同時に用いられる場合

1) 間接＋直接（「〜に〜を」）の語順になる.

¿Me enseñas tu libro? — Sí, te lo enseño.

2) どちらも３人称の場合は，間接目的格の **le, les** は **se** に変わる.

¿Le regalas la corbata? — Sí, se la regalo.

Ejercicios 12

[A-1] (　　) 内に **dar** または **saber** の活用形を書き入れましょう.
1) El profesor (　　　　) perfectamente el latín.
2) Nuestra sobrina tiene diez años. No (　　　　) montar en bicicleta todavía.
3) (　　　　)(yo) un paseo por la playa todas las mañanas.
4) Nosotros (　　　　) la fiesta de bienvenida mañana por la noche.
5) ¿(　　　　)(tú) a qué hora son los exámenes?
6) ¿Vosotros (　　　　) que hay un concierto en el Auditorio esta noche?

[A-2] (　　) 内に動詞の適切な活用形を書き, [　　] に目的格人称代名詞を入れましょう.
1) ¿Dónde (comprar-　　　　) el diccionario los estudiantes?
 — [　] (comprar-　　　　) en la librería "Don Quijote".
2) ¿Cuándo nos (visitar-　　　　)(tú)?
 — [　] (visitar-　　　　) este fin de semana.
3) ¿A dónde (llevar-　　　　)(vosotros) a los niños el domingo?
 — [　] (　　　　) al zoo.
4) ¿Me (dar-　　　　)(tú) el correo electrónico de tu marido? — [　][　]
 (　　　　) después. Ahora no [　　] (tener-　　　　)(yo).

[B] 次の文をスペイン語で書いてみましょう.
1) 君の写真を僕に見せてくれるかい？ — いいよ，見せてあげるよ.〈enseñar〉

2) — ねえ，ラモンの携帯の番号を知ってる？〈móvil, Ramón〉

　— もちろん，知ってるよ.

　— 私にそれを教えてくれる？

[C] CDを聞いて，次の質問に答えましょう.

1) ¿De dónde es David?

2) ¿Qué sabe cocinar David?

3) ¿Qué hace David todas las mañanas?

4) ¿Quién es Mercedes?

5) ¿Qué estudia Mercedes?

文法補足

1. gustar 型動詞の用法：間接目的格 (me, te, le, nos, os, les) + gustar + 主語

¿Te gusta el cine? — Sí, me gusta mucho el cine.

¿Te interesa esta novela? — Sí, me interesa mucho esta novela.　(← interesar)

¿Qué te parece esa película? — Me parece muy interesante.　(← parecer)

¿Le duele la cabeza? — No, me duele el estómago.　(← doler)

2. 直説法現在（語根母音変化動詞）

¿Qué piensas hacer este fin de semana?　(← pensar)

¿Me entiendes? — No, no te entiendo.　(← entender)

¿A qué hora vuelves a casa?　(← volver)

Los chicos juegan al fútbol todos los días.　(← jugar)

¿Qué pides? — Pido un café.　(← pedir)

3. 直説法現在（その他の不規則動詞）

¿Cuándo ves a María?　(← ver)

¿Conoces a Laura? — Sí, la conozco bien.　(← conocer)

¿Dónde pongo estos libros?　(← poner)

¿Me lo dices en broma? — ¡Hombre! Te lo digo en serio.　(← decir)

¿Me oyes? — No, no te oigo nada.　(← oír)

4. 再帰動詞

¿A qué hora te levantas?

— Me levanto muy temprano.

　　levantarse:　　me levanto,　te levantas,　se levanta

　　　　　　　　　　nos levantamos,　os levantáis,　se levantan

Don José se acuesta temprano.　(← acostarse)

Me lavo la cara y me limpio los dientes.　(← lavarse, limpiarse)

¿Por qué no te pones el abrigo?　(← ponerse)

¿Ya te vas? — Sí, ya me voy.　(← irse)

En España se hablan cuatro lenguas.　(← hablarse)（再帰受け身）

5. 無人称文：人は～する（se + 動詞の3人称単数形）

Se come muy bien en este restaurante.

Se dice que Don Juan es millonario.

*動詞の3人称複数形を用いた無人称文

Dicen que hoy no hay partido de fútbol.

6. 比較級（優等比較・劣等比較・同等比較）と最上級

María es más alta que Ángela.

José es menos alto que Juan.

María es tan alta como Juan.

Salamanca es la ciudad más hermosa de España.

感嘆文（疑問詞を用いる：qué + 形容詞・副詞など）

¡Qué guapa!

¡Qué bien bailas el tango argentino!

7. 直説法現在完了

（haber + 過去分詞：現在までに完了した事柄・行為・経験を表す）

Ya he escrito las tarjetas de Navidad.　（← escribir）

¿Has estado alguna vez en México?　（← estar）

現在進行形（estar + 現在分詞：～しているところである）

¿Qué estás haciendo? — Estoy escuchando música clásica.　（← hacer, escuchar）

8.　直説法点過去（～した）（規則動詞）

Ayer visité a mi tío.　（← visitar）

En la fiesta comí y bebí mucho.　（← comer, beber）

Mis padres vivieron cinco años en La Paz, Bolivia.　（← vivir）

9.　直説法点過去（不規則動詞）

Ayer tuve que ir al Ayuntamiento para pedir un documento.　（← tener）

Ayer por la tarde vino un amigo mío a verme.　（← venir）

¿Qué hizo usted anteayer?　（← hacer）

Anoche fui al cine con mis amigos.　（← ir）

10. 直説法線過去 （〜していた；よく〜したものである）

Cuando éramos niños, vivíamos en el campo.　(← ser, vivir)

Cuando éramos niños, íbamos a nadar en el río.　(← ser, ir)

11. 直説法未来

¿Cuándo me llamarás?　(← llamar)

　— Te llamaré lo antes posible.

¿Cuántos años tendrá esa señora?　(← tener)

直説法過去未来

María dijo que vendría a mi casa esta noche.　(← venir)

Sería muy tarde cuando llegó mi padre a casa.　(← ser)

Desearía (Me gustaría) hablar contigo.　(← desear, gustar)

12. 命令文

- 肯定命令

Habla un poco más alto.　(← hablar)

Niño, ten cuidado con los coches.　(← tener)

- 否定命令 （no + 接続法現在）

No hables.　(← hablar)

No pongas la maleta aquí.　(← poner)

VOCABULARIO BÁSICO

本テキストで使われた基本語彙

● 名詞，動詞，形容詞を中心に選び，その他の品詞については重要と思われるものだけを選びました．
● 複数の課において使われている語彙は，初出の課のみに記載しました．
● 基本的に名詞は無冠詞で，形容詞は男性単数形で記載しました．

Lección 1

[Diálogo]

hola, ¿cómo está?, mi nombre es..., yo soy..., mucho gusto, ¿qué tal?, gracias, diálogo, profesor, aeropuerto de Barajas, lección, Madrid, encantado, muy, bien

Lección 2

[Diálogo]

buenos días, buenas tardes, de nada, ¿qué desea?, ¿cómo se dice ...? , de acuerdo, por favor, sí, un momento, aquí tienes, un poco, pues, algo más, dependiente, dependienta, libro, bolígrafo, cuaderno, goma, papelería, japonés, español, parecido

[Gramática]

padre, madre, hombre, mujer, hijo, hija, chico, chica, niño, amigo, señora, estudiante, rey, joven, ángel, gato, gata, toro, vaca, profesora, puerto, vaso, trabajo, diccionario, desayuno, Zócalo, reloj, papel, sol, mes, día, mapa, sofá, idioma, problema, casa, puerta, mesa, luna, cena, Plaza Mayor, ciudad, estación, televisión, nación, flor, clase, mano, foto, moto, radio, vez, paraguas

[Ejercicios]

ejercicio, universidad, silla, llave, ordenador, lápiz

Lección 3

[Diálogo]

¡perdona(perdone)!, ¿qué es esto(eso, aquello)?, esto(eso, aquello) es..., este(esta) es... , pasillo, familia, comedor, electrónico, mucho

[Gramática]

señor, señorita, muchacho, pelo, ojo, pañuelo, vestido, camisa, traje, zapatos, sopa, café, noche, semana, año, alto, guapo, rico, alegre, blanco, rojo, negro, verde, azul, gris, marrón, caliente, mexicano, argentino, peruano, chileno, italiano, francés, inglés, canadiense, estadounidense

[Ejercicios]

coche, edificio, corbata, hermana, chaqueta, amarillo, bonito, grande, pequeño, inteligente, bastante

53

Lección 4

[Diálogo]

¿cuál...?, ¿de dónde...?, ¿qué...?, ser, cafetería, también, Japón, España, Francia, Granada, París

[Gramática]

ingeniero, examen, color, camarera, cien, euro, profesión, madera, naranja, tortilla, harina de maíz, México, Valencia, Cuba, simpático, portugués, mañana, ¿(de) quién...?, ¿de qué...?, ¿cómo...?, ¿cuándo...?, ¿cuánto....?

[Ejercicios]

hotel, médico, empleado, chino, novela, Ciencias Políticas, Bogotá, interesante, amable, serio, todo

Lección 5

[Diálogo]

no hay de qué, ¡oye!, ¡mira!, ¡ten cuidado!, campus, bolso, piso, despacho, verdad, tercero, cansado, estar, ¿dónde...?, ¿qué+名詞...?

[Gramática]

centro, banco, cumpleaños, sábado, Museo del Prado, pirámides de Teotihuacán, biblioteca, habitación, oficina, Ciudad de México, ocupado, frío, abierto, sucio, limpio, nervioso, porque, cerca de..., aquí, ahora, tan, hoy, pasado mañana, ¿por qué...?

[Ejercicios]

¡hombre!, libre, hospital, servicios, sala, planta baja, cerrado, sólo, difícil, primero, segundo, todavía, siempre

Lección 6

[Diálogo]

¿qué hay de nuevo?, ¡ánimo!, ¿sabes?, ¡qué bien!, vamos juntos, ¡claro! ¡vamos!, ¡oiga!, concierto, Auditorio, entrada, calle, ¿(a) qué hora...?, ... y media, de la tarde, de la noche

[Gramática]

patio, lunes, martes, miércoles, jueves, viernes, domingo, enero, febrero, marzo, abril, mayo, junio, julio, agosto, septiembre, octubre, noviembre, diciembre, librería, nevera, muchacha, fiesta, fecha, Sanfermines, Pamplona, Feria de Abril, Sevilla, Fallas, tradicional, menos, ahí, allí, alguien , nadie, nada, ¿cuánto+名詞...?, ... y cuarto

[Ejercicios]

taxi, supermercado, parque, festivo, al lado de..., a estas horas, de la mañana

Lección 7

[Diálogo]

¡disculpe!, depende de..., restaurante, tren para..., minuto, pregunta, Economía, próximo, estudiar, llegar, trabajar, normalmente, por horas, al día, dentro de...

[Gramática]

tío, canción, sombrero, verano, periódico, quiosco, zoo, flamenco, amiga, casa comercial, lengua, Literatura, Europa, alemán, hablar, escuchar, tomar, llevar, visitar, viajar por..., comprar, pagar, tardar, cantar, bailar, enseñar, regalar, dejar, buscar, esperar, invitar, llamar por teléfono, además, mal, todos los días, hasta

[Ejercicios]

programa, abuelo, padres, novia, autobús, comida, leche, salsa, musical, pasear por..., ayudar, todas las mañanas, más o menos

Lección 8

[Diálogo]

¡qué envidia!, ¡perfecto!, bicicleta, tapa, taberna, hambre, después de..., divertido, fantástico, muerto de..., comer, vivir

[Gramática]

¡por supuesto!, colegio, mercado, aire, pescado, carne, fruta, verdura, tía, cama, ventana, carta, monte, enfermo, fresco, respirar, aprender, leer, creer, beber, comprender, vender, deber, escribir, abrir, subir, demasiado

[Ejercicios]

ascensor, mail, novio, museo, noticia, maleta, sino

Lección 9

[Diálogo]

¿puede decirme...?, vale, camarero, vino tinto, jamón serrano, ajo, marisco, especialidad de la casa, copa, caña, paella, croqueta, ternera, asado, querer, poder, nada más

[Gramática]

lo siento, ¡cómo no!, ¡claro que sí!, con mucho gusto, papá, nieto, helado, monumento, té de manzanilla, cielo, paisaje, grandes almacenes, cine, Patrimonio de la Humanidad, histórico, nublado, sacar, entrar, llover, conocer, hacer compras, ver, salir, ir, venir, pronto, conmigo, desde

[Ejercicios]

alcohol, abuela, ligero, bajo, verdadero, falso, usar, cerrar

Lección 10

[Diálogo]

¡cuánto tiempo!, ¿cuánto tiempo hace que...?, ¿verdad?, por cierto, entrevistador, sueño, buen tiempo, calor, Parque del Retiro, humedad, idea, tener, tanto

[Gramática]

pastel, dolor, hermano, viento, mal tiempo, modelo, Mediterráneo, costa, cabeza, razón, suerte, sed, tiempo, prisa, ganas, página web, último, personal, nevar, casi, nunca, en particular, por la tarde

[Ejercicios]

hermano mayor, viaje, deberes, edad, primavera, acabar, pocas veces, de mal humor

Lección 11

[Diálogo]

pasajero, andén, fin de semana, AVE, excursión, llegada, recoger, temprano, procedente de...

[Gramática]

presidente, paseo, tenis, centro de deportes, lago, metro, avión, pesca, doña, cenar, jugar a..., por la mañana, ... que viene, fútbol

[Ejercicios]

refresco, Andes, Argentina, Buenos Aires, celebrar, a pie

Lección 12

[Diálogo]

¡hasta luego!, ¡chao!, ¡a usted!, es que..., aquí tiene, móvil, turismo, plano, dar, saber, repetir, de nuevo

[Gramática]

sobrino, dinero, perro, bar, fiesta de bienvenida, película, resfriado, nadar

[Ejercicios]

correo electrónico, latín, marido, playa, montar, cocinar, perfectamente

プラサ・アミーゴス
—スペイン語で話そうⅠ—

| 検印省略 | © 2011年 1月15日　初版発行
2023年 1月30日　第10刷発行
2025年 1月30日　第2版発行 |

著者　青砥清一
　　　落合佐枝
　　　ハビエル・カマチョ・クルス
　　　高松英樹
　　　二宮　哲
　　　柳沼孝一郎

発行者　原　雅久
発行所　株式会社　朝日出版社
　　　　101-0065　東京都千代田区西神田3-3-5
　　　　電話　03-3239-0271/72
　　　　振替口座　00140-2-46008
　　　　http://www.asahipress.com/
　　　　組版　クロス・コンサルティング／印刷　信毎書籍印刷

乱丁、落丁本はお取り替えいたします。
ISBN 978-4-255-55161-6 C1087

本書の一部あるいは全部を無断で複写複製（撮影・デジタル化を含む）及び転載することは、法律上で認められた場合を除き、禁じられています。

朝日出版社 スペイン語一般書籍のご案内

電子書籍

GIDE（スペイン語教育研究会）語彙研究班 編
¡スペ単！ ―頻度で選んだスペイン語単語集（練習問題つき）―

◆様々なスペイン語の初級学習書を分析・解析。
◆学習者が最も必要とする語彙を抽出、文法項目と関連付けて提示。
◆各項目ごとに理解と運用を助ける練習問題を配備。
◆文法項目と語彙グループを結び付けて紹介。
◆豊富な練習問題と読み物資料ページでしっかり楽しく学べる。
◆多角的に語彙を覚えられる意味別・品詞別語彙リスト、単語の意味もついた詳細なさくいんつき。
◆初めてスペイン語を学ぶ人から、指導する立場の人まで幅広く活用できる一冊。

●A5判 ●本編13章＋読み物資料＋巻末語彙集＋さくいん ●各項練習問題つき ●のべ5200語
●264p ●2色刷 2420円（本体価格2200円＋税）（000371）

文字検索機能が使える
おまけもご用意しております

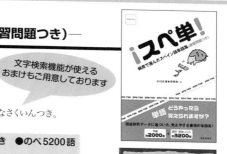

小林一宏・Elena Gallego Andrada 著
スペイン語 文法と実践 ―ゆっくり進み、確かに身につく―
Español con paso firme

◆日本人教員とネイティヴ教員の緊密な協力から生まれた自然な語法。
　予習と復習のための矢印（➡）による関連個所の提示。
◆解説内容に沿った多くの例文とこれの理解を援ける註。
◆適宜、英語との比較による理解の深化。
◆簡潔で適格な文法の解説。

●A5判 ●33課 ●320p ●2色刷
●音声データ付
3080円（本体価格2800円＋税）（000467）

※ アマゾンKindle、紀伊国屋書店Kinoppy、楽天Kobo、Booklive!、hontoなどの電子書籍店でご購入いただけます。
専用端末以外でも、お手持ちのスマートフォンやタブレット（iOS、Android）でお読みいただけます。

福嶌教隆 著
スペイン語圏4億万人と話せる
くらべて学ぶスペイン語 改訂版 DVD+CD付
―入門者から「再」入門者まで―

◆スペインのスペイン語とラテンアメリカのスペイン語をくらべて、並行してどちらも学べます。
◆全くの初歩からスペイン語を学ぶ人（入門者）も、一通りの知識がある人（「再」入門者）も活用できるよう編集されています。
◆スペイン語圏各地のネイティブの吹込者によるCDや、スペインの美しい映像をおさめたDVD（スペイン語ナレーション付）が添付されています。
◆スペイン語を話すどの場所に行っても、この1冊で充分話し切れること間違いなしです！

●A5判 ●15課 ●144p ●さし絵多数 ●DVD+CD付 ●2色刷
2640円（本体価格2400円＋税）（000552）

高橋覚二・伊藤ゆかり・古川亜矢 著
とことんドリル！ スペイン語 文法項目別

◆文法事項を確認しながら、一つずつ確実なステップアップ
◆全27章で、各章は3ページ【基礎】＋1ページ【レベルアップ】で構成
◆スペイン語技能検定試験4、5、6級の文法事項がチェックできる！
◆ふと頭に浮かぶような疑問も学習者の目線で丁寧に解説
◆復習問題でヒントを見ながら実力試せる
◆多様な話題のコラムも楽しい♪
◆スペイン語のことわざをイラストで紹介

●B5判 ●27章＋解答例・解説 ●200p ●2色刷
2530円（本体価格2300円＋税）（000747）

きちんとやりたい人のための
徹底！トレーニング

西川喬 著
ゆっくり学ぶスペイン語 CD付

◆本書はスペイン語を「ゆっくり学ぶ」ための本です。
◆初めて学ぶ人はもちろんのこと、基礎的な知識を整理したい人にも最適です
◆各課文法別に段階的に進みます。やさしい文法要素から順を追って知識が増やせるように配置しています。
◆各課には「ちょっとレベルアップ」のページがあります。少し知識のある方は、ぜひこのページに挑戦してください。
◆各課の最後に練習問題があります。自分で解いて、巻末の解答で確かめましょう。
◆再挑戦の方向けに、31、32課で「冠詞」と「時制」を扱っています。ぜひ熟読してください。
◆それでは本書で、「ゆっくりと」スペイン語を楽しんで行きましょう。

●A5判 ●32課 ●264p ●さし絵多数 ●2色刷 ●CD付 3190円（本体価格2900円＋税）（001081）

（株）朝日出版社 〒101-0065 東京都千代田区西神田3-3-5
TEL:03-3263-3321　FAX:03-5226-9599　https://www.asahipress.com/